VENTE

DE

Dessins
Aquarelles
Peintures

ESTAMPES & AFFICHES

PAR

CARRIÈRE, J. CHÉRET, FORAIN, HEIDBRINCK, HAWKINS
Constantin GUYS, GOYA, GRASSET, HELLEU, FANTIN-LATOUR
LANÇON, LAUTREC, LEPÈRE, H. PILLE, RENOUARD
REDON, F. ROPS, STEINLEN, WILLETTE, WHISTLER, ETC.

HUIT PANNEAUX DÉCORATIFS

peints par

J.-L. FORAIN

MAQUETTES POUR LA DÉCORATION EXTÉRIEURE

Du Café Riche

HOTEL DROUOT, SALLE No 9
Le Mardi 30 Novembre 1897

A TROIS HEURES

Mᵉ E. BOUDIN	**M. MOLINE**
Commissaire-Priseur	*Expert*
102, Rue de Richelieu, 102	20, Rue Laffitte, 20

Chez lesquels se trouve le présent Catalogue

EXPOSITION PARTICULIÈRE LES 26, 27 & 29 NOVEMBRE 1897
GALERIE LAFFITTE, 20, RUE LAFFITTE, DE 10 H. A MIDI & DE 2 H. A 6 H.

EXPOSITION PUBLIQUE LE JOUR DE LA VENTE, HOTEL DROUOT, SALLE No 9
DE 1 HEURE A 3 HEURES

CONDITIONS DE LA VENTE

Elle sera faite au comptant.

Les acquéreurs paieront cinq pour cent en sus des adjucations.

L'exposition mettant à même les acquéreurs de se rendre compte des objets mis en vente, il ne sera admis aucune réclamation une fois l'adjudication prononcée.

M. Moline se réserve la faculté de réunir ou de diviser les lots.

Paris. — Imp. E. Ménard & Cie, 8, rue Milton

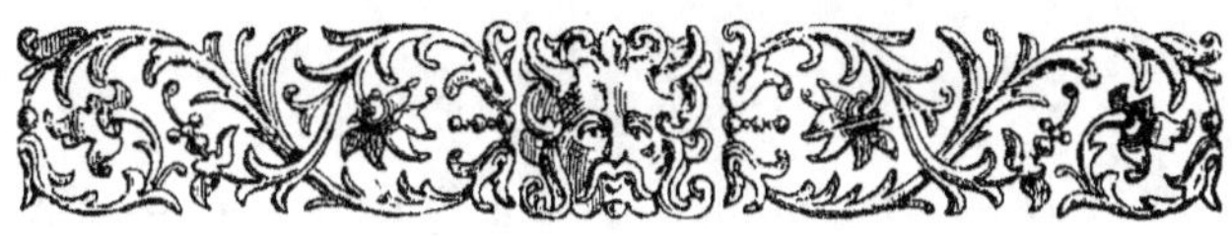

DÉSIGNATION

Affiches

Jules CHÉRET

1ᵉʳ lot. — Redoute des Étudiants, Bullier, 94-95.
— Jardin de Paris. — L'Étendard fran-
çais. — Moulin-Rouge. — Carnaval de
l'Opéra. — Lidia. — (Les affiches ci-
dessus format double colombier).

Jules CHÉRET

2ᵐᵉ lot. — Musée Grévin. — Théâtre de la Tour
Eiffel. — Le Miroir. — Saxoléine, deux
épreuves (double colombier). — Purgatif
Géraudel (quadruple colombier). — Jardin de Paris (colombier).

Jules CHÉRET

3me lot. — Saxoléine. — Paris-Courses. — Car-
naval 91, 4me Bal Masqué. — Camille
Stéphani (double colombier). — Pastilles
Géraudel (double colombier).

E. GRASSET

4me lot. — Encre Marquet (double colombier). —
Chocolat Mexicain. — Jeanne d'Arc. —
Salon des Cents (épreuve avant la lettre,
sur Japon, signée). — Femme cueillant
des iris (avant la lettre).

H. DE TOULOUSE LAUTREC

5me lot. — Divan Japonais. — Au pied de l'Écha-
faud. — Babylone d'Allemagne. — Troupe
de Mademoiselle Églantine. — Jeanne
Avril. — Reine de Joie. — Elles.

6me lot. — FORAIN. Salon du Cycle.

BONNARD. France Champagne.

WILLETTE. L'Enfant prodigue. — Exposition internationale. — La Revue désha-
billée.

7me lot. — DILLON. Exposition Constantin Guys.
JEANNIOT. Le *Quotidien illustré*.
STEINLEIN. Lait pur stérilisé.
MUCHA. Gismonda. — Salon des Cents.
— Diverses.

Estampes

BRADLEY

8 — *Twelve lover designs*. Exemplaire sur Hollande, signé.

E. CARRIÈRE

9 — *Tête de femme*. Lithographie petit format.
Tête de femme. Lithographie petit format.

JULES CHÉRET

10 — Sanguine tirée de la première année de l'Estampe originale. Lithographie.

DULAC

11 — *Le Vent*. Lithographie.

12 — *Le Matin*. Lithographie.

E. DELATRE

13 — *Femme à l'ombrelle*. Gravure en couleurs.

14 — Un lot de gravures en couleurs dont plusieurs encadrées.

De FEURE

15 — *Femme lisant*. Lithographie en couleurs.

De la GANDARA

16 — *Femme cousant*. Lithographie sur chine collé.

FANTIN-LATOUR

17 — *Solitude*. Lithographie, épreuve signée.

18 — Illustrations pour l'œuvre de Wagner. 14 lithographies signées avec dédicace de l'auteur.

19 — Illustrations pour l'œuvre de Berlioz. 14 lithographies signées avec dédicace de l'auteur.

GOYA

20 — *Mala-Noche*. Épreuve ancienne des *Caprices*.

GRASSET

21 — *Le Saint-Pleur* (FIGARO ILLUSTRÉ). 6 illustrations dans le texte.
Calendrier de la Belle Jardinière.
Calendrier du Bon Marché, avant la lettre.

22 — *Enchantement*. Épreuve d'essai signée.

23 — Iconographie décorative, 13 planches.

HELLEU (Pointes sèches)

24 — *Jeune femme cousant*. Pointe sèche avec cadre.

25 — *Jeune fille accoudée*. Pointe sèche avec cadre.

26 — *Jeune femme devant une cheminée*.

LANÇON

27 — *Guenon et son petit*. Eau-forte.

LEPÈRE (Bois)

28 — *Vue d'une fenêtre du Louvre.*

29 — *Illuminations au Trocadéro.*

30 — *Rue Grenier-sur-l'Eau.*

31 — *Saint-Gervais.*

32 — *Cirque de Franchard.*

MAURIN

33 — *Femme au tub*. Eau-forte en couleur.

34 — *Etude*. Eau-forte.

RENOUARD

35 — *La Danse*, 20 dessins transposés en harmo-
nie de couleurs.

REDON

36 — *Profil de lumière*. Lithographie, très belle épreuve, avec dédicace à l'imprimeur Lemercier.

F. ROPS

37 — *Les dessous de cartes d'une partie de whist*. (Diaboliques), épreuve signée.

38 — *La Grande lyre*. Deuxième état.

39 — *Frontispice des Rimes de Joie*, très belle épreuve signée, grande marge.

40 — *La Parabole du Semeur*. Avec lettres.

41 — *Frontispice des Baisers morts*. Grande marge.

STEINLEN

42 — *Les Vagabonds*.

43 — *Aux bons pauvres, les mauvais riches*. Lithographie.

44 — 10 lithos hors texte, numérotées et signées. Collection du journal *Le Chambard*.

45 — Couverture pour Asche et Nathalie, Mordoré.

SYLVESTRE

46 — Deux eaux-fortes.

VAL OTTON

47 — *L'Enterrement.*

48 — *Le Couplet patriotique.*

49 — *L'Anarchiste.*

50 — *L'Exécution.*

51 — *Le Suicide.*

52 — *La Jungfrau.*

53 — *Suite de baigneuses.*

54 — *Sur les fortifs*.

55 — *Le Mur*.

56 — *La Levée du corps*.

57 — *Adresse et Ex libris*.

VAN RYSSEBLERGHE

58 — *Chanteuses à Anvers*. Eau-forte tirée à vingt-quatre exemplaires.

59 — *Almanach Verhaeren*.

WILLETTE

60 — Collection du journal *Le Pierrot*.

61 — *Faire-part Floury*.

62 — Trois lithographies sur Japon, illustration pour chansons.

63 — *Pierrot regardant écrire Colombine*. Epreuve sur Chine grand format.

64 — Les Chansons de Paul Delmet. 13 lithographies hors texte sur Japon.

65 — *Impressions fausses*, épreuve sur Japon.

WAGNER

66 — *Edgard Poë*. Lithographie.

67 — *C'est ma pensée qui pleure*. Lithographie.

68 — *L'Ile de la fée*. Lithographie.

69 — *L'Homme des foules*. Lithographie.

WHISTLER

70 — *Femme voilée*. Lithographie.

71 — *Vue de la Tamise*.

Peintures, Aquarelles
Dessins

Jules CHÉRET

72 — *Femme assise*. Dessin, sanguine.

J.-L. FORAIN

HUIT PANNEAUX DÉCORATIFS PEINTS A LA
DÉTREMPE

73 — *Petite marchande de violettes.*

Haut. 1m85 ; Larg. 1m.

74 — *Jeune fille.*

Haut. 1m70 : Larg. 0m65.

75 — *La Pluie.*

Haut. 1m70 ; Larg. 0m77.

76 — *Cyclewoman.*

Haut. 1m70 ; Larg. 1m.

77 — *Le Gros Monsieur.*

Haut. 1^m85 ; Larg. 1^m.

78 — *Le Trottin.*

Haut. 1^m70 ; Larg. 0^m85.

79 — *Sur la plage.*

Haut. 1^m70 ; Larg. 0^m88.

80 — *Le Crieur de Journaux.*

Haut. 1^m85 ; Larg. 1^m.

GUÉRARD

81 — *Une Paire de Souliers.* Dessin.

Constantin GUYS

82 — Plusieurs dessins.

HEIDBRINCK

83 — *Je t'aime parce que tu es imposant.* Dessin original.

HAWKINS

84 — *Paysages.* Quatre aquarelles.

Henri PILLE

85 — Dessin à la plume portant le cachet de la vente Pille.

RASSENFOSSE

86 — Croquis d'après Mlle H. C...

O. REDON

87 — Deux petits dessins.

WILLETTE

88 — *Léda*. Croquis original, projet de vitrail pour la Brasserie de la Palette d'or, encadré.

89 — *Berger et Bergère*. Croquis original, projet de vitrail pour la Brasserie de la Palette d'or, encadré.

90 — Objets omis.

IMPRIMERIE ARTISTIQUE

———

E. MENARD & C"

Bureaux et Ateliers : Paris — 8, Rue Milton

www.ingramcontent.com/pod-product-compliance
Lightning Source LLC
LaVergne TN
LVHW010307190726
843502LV00014B/3645